essentials

essentials liefern aktuelles Wissen in konzentrierter Form. Die Essenz dessen, worauf es als „State-of-the-Art" in der gegenwärtigen Fachdiskussion oder in der Praxis ankommt. *essentials* informieren schnell, unkompliziert und verständlich

- als Einführung in ein aktuelles Thema aus Ihrem Fachgebiet
- als Einstieg in ein für Sie noch unbekanntes Themenfeld
- als Einblick, um zum Thema mitreden zu können

Die Bücher in elektronischer und gedruckter Form bringen das Expertenwissen von Springer-Fachautoren kompakt zur Darstellung. Sie sind besonders für die Nutzung als eBook auf Tablet-PCs, eBook-Readern und Smartphones geeignet. *essentials:* Wissensbausteine aus den Wirtschafts-, Sozial- und Geisteswissenschaften, aus Technik und Naturwissenschaften sowie aus Medizin, Psychologie und Gesundheitsberufen. Von renommierten Autoren aller Springer-Verlagsmarken.

Weitere Bände in dieser Reihe http://www.springer.com/series/13088

Dirk Lippold

Aspekte und Dimensionen der Bewerbermarkt-Segmentierung

Prof. Dr. Dirk Lippold
Berlin, Deutschland

ISSN 2197-6708   ISSN 2197-6716   (electronic)
essentials
ISBN 978-3-658-16473-7   ISBN 978-3-658-16474-4   (eBook)
DOI 10.1007/978-3-658-16474-4

Die Deutsche Nationalbibliothek verzeichnet diese Publikation in der Deutschen Nationalbibliografie; detaillierte bibliografische Daten sind im Internet über http://dnb.d-nb.de abrufbar.

Springer Gabler
© Springer Fachmedien Wiesbaden GmbH 2017

Gedruckt auf säurefreiem und chlorfrei gebleichtem Papier

Springer Gabler ist Teil von Springer Nature
Die eingetragene Gesellschaft ist Springer Fachmedien Wiesbaden GmbH
Die Anschrift der Gesellschaft ist: Abraham-Lincoln-Str. 46, 65189 Wiesbaden, Germany

Vorwort

Der Arbeitsplatzmarkt für akademische Nachwuchskräfte kann in weiten Bereichen als absurd bezeichnet werden. Absurd deshalb, weil er einerseits die Grundzüge eines Verkäufermarktes und andererseits die Charakteristika eines Käufermarktes trägt. Einerseits können sich Unternehmen fast uneingeschränkt bedienen, wenn es um die Rekrutierung von durchschnittlich begabten Hochschulabsolventen geht. Andererseits handelt es sich aus Sicht des Arbeitsplatzanbieters um einen klassischen Käufermarkt, wenn es darum geht, besonders leistungsbereite Nachwuchskräfte mit hohem Potenzial – eben High Potentials – zu gewinnen. Da solche besonders qualifizierten Bewerber zumeist die Wahl zwischen den Angeboten mehrerer Unternehmen haben, können sie auch besonders selbstbewusst bei ihrer Arbeitsplatzwahl auftreten. Somit stehen sich auf dem Arbeitsmarkt für High Potentials zwei Partner „auf Augenhöhe" gegenüber.

Um in diesem Wettbewerb um die Besten erfolgreich zu bestehen, müssen geeignete Bewerber von den Unternehmen quasi als Kunden genauso umworben werden wie potenzielle Käufer von Produkten und Dienstleistungen. Daher ist auch die Übertragung von Begriffen wie *Segmentierung, Positionierung, Kommunikation* oder auch *Branding,* die allesamt ihren Ursprung und ihre konzeptionellen Wurzeln im klassischen Marketing haben, auf das Personalmarketing eine wichtige Grundlage für den **„War for Talents".**

Der erste Schritt dazu besteht in der richtigen **Segmentierung des Bewerbermarktes,** d. h. die Unternehmen müssen sich ihren Bewerbermarkt bekannt machen und mit entsprechenden Maßnahmen in eine erfolgreiche Positionierung und Kommunikation mit dem Bewerber gehen. Diese Arbeitsmarktsegmentierung, der nicht eine volkswirtschaftliche Sicht, sondern eine einzelwirtschaftliche Perspektive zugrunde liegt, ist Gegenstand dieser Betrachtung.

Die vorliegenden Ausführungen sind zu einem Großteil der 2. Auflage meines Buches „*Die Personalmarketing-Gleichung. Einführung in das wert- und prozessorientierte Personalmanagement*" entnommen. Zur Unterstützung des Leseflusses wurde auf die Verwendung von Fußnoten verzichtet. Eine ausführliche Auflistung der verwendeten und weiterführenden Literatur ist im Anhang enthalten.

Wohlgemerkt: Es geht hier nicht um eine Segmentierung des Arbeitsmarktes (z. B. nach bestimmten Berufsgruppen) aus volkswirtschaftlicher oder arbeitsmarktpolitischer Sicht. Nein, es geht um den ersten, notwendigen Schritt in der Prozesskette *Personalbeschaffung* aus der Perspektive eines personalsuchenden Unternehmens.

Berlin, Deutschland   Dirk Lippold
im September 2016

Inhaltsverzeichnis

Sachlich-systematische Grundlegung

1

Um im Wettbewerb um die Besten erfolgreich zu bestehen, sind Unternehmen zum Umdenken gezwungen und dazu veranlasst, Ihre Personalauswahlprozesse neu zu gestalten und auszuweiten. Als praxiserprobtes Vorgehensmodell und Handlungsrahmen dient dazu die Personalmarketing-Gleichung, deren Grundidee auf zwei Denkansätzen beruht. Zum einen ist es die Darstellung und Analyse der Wertschöpfungs- und Prozessketten eines Unternehmens, zum anderen ist es die enge Analogie zur Marketing-Gleichung im (klassischen) Absatzmarketing (siehe hierzu ausführlich Lippold 2014).

1.1 Die personale Wertschöpfungskette

Generell sind es also zwei Prozessphasen (= Aktionsbereiche), welche die Wertschöpfungskette des Personalmanagements bzw. des Personalmarketings bestimmen:

- die Phase (= Aktionsbereich) der *Personalbeschaffung* und
- die Phase (= Aktionsbereich) der *Personalbetreuung*.

Während die Personalbeschaffung auf die Mitarbeitergewinnung abzielt, ist die Personalbetreuung auf die Mitarbeiterbindung ausgerichtet. Um den Personalbeschaffungsprozess im Sinne einer Wertorientierung optimieren zu können, ist es sinnvoll, die Prozessphase **Personalbeschaffung** in ihre einzelnen Prozessschritte (= Aktionsfelder) zu zerlegen und diese jeweils einem zu optimierenden *Bewerberkriterium* als Prozessziel zuzuordnen:

- **Segmentierung** (des Arbeitsmarktes) zur Optimierung des *Bewerbernutzens*
- **Positionierung** (im Arbeitsmarkt) zur Optimierung des *Bewerbervorteils*

© Springer Fachmedien Wiesbaden GmbH 2017
D. Lippold, *Aspekte und Dimensionen der Bewerbermarkt-Segmentierung*, essentials, DOI 10.1007/978-3-658-16474-4_1

- **Signalisierung** (im Arbeitsmarkt) zur Optimierung der *Bewerberwahrnehmung*
- **Kommunikation** (mit dem Bewerber) zur Optimierung des *Bewerbervertrauens*
- **Personalauswahl, -integration und -einsatz** zur Optimierung der *Bewerberakzeptanz.*

Analog dazu wird die Prozessphase **Personalbetreuung** in ihre Prozessschritte (= Aktionsfelder) aufgeteilt und ebenfalls jeweils einem zu optimierenden *Bindungskriterium* zugeordnet:

- **Personalvergütung** zur Optimierung der *Gerechtigkeit* (gegenüber dem Mitarbeiter)
- **Personalführung** zur Optimierung der *Wertschätzung* (gegenüber dem Mitarbeiter)
- **Personalbeurteilung** zur Optimierung der *Fairness* (gegenüber dem Mitarbeiter)
- **Personalentwicklung** zur Optimierung der *Forderung und Förderung* (des Mitarbeiters)
- **Personalfreisetzung** zur Optimierung der Erleichterung (des Mitarbeiters).

Beide Teilziele der personalen Wertschöpfungskette, also die *Personalgewinnung* und die *Personalbindung,* lassen sich nur dann erreichen, wenn es dem Personalmanagement gelingt, die Vorteile des eigenen Unternehmens auf die Bedürfnisse vorhandener und potenzieller Mitarbeiter (Bewerber) auszurichten. Die Bestimmungsfaktoren dieser Vorteile sind das Leistungsportfolio, die besonderen Fähigkeiten, das Know-how, die Innovationskraft und auch die Unternehmenskultur, kurzum: das **Akquisitionspotenzial** des Unternehmens.

1.2   Analogien zum klassischen Marketing

Diese Aufgabenstellung erfordert eine Vorgehensweise, die in enger Analogie zum Vorgehen auf den Absatzmärkten steht. Im *Absatz*marketing (also im klassischen Marketing) ist der *Kunde* mit seinen Nutzenvorstellungen Ausgangspunkt aller Überlegungen. Im *Personal*marketing ist der gegenwärtige und zukünftige Mitarbeiter der Kunde. Die Anforderungen der Bewerber (engl. *Applicant*) und der Mitarbeiter (engl. *Employee*) an den (potenziellen) Arbeitgeber (engl. *Employer*) bilden die Grundlage für ein gezieltes Personalmarketing (vgl. Simon et al. 1995, S. 64).

Aus den beiden Teilzielen der personalen Wertschöpfungskette (Personalgewinnung und Personalbindung) lassen sich zwei *Zielfunktionen* ableiten, eine zur

Optimierung der Prozesskette *Personalbeschaffung* und eine zur Optimierung der Prozesskette *Personalbetreuung*. Dieser Optimierungsansatz lässt sich in seiner Gesamtheit auch – analog zur Marketing-Gleichung im Absatzmarketing (vgl. Lippold 2015, S. 70 ff.) – als (zweigeteilte) *Personalmarketing-Gleichung* darstellen (siehe Abb. 1.1).

Die Wirkung der Prozesskette *Personalbeschaffung* ist auf den Arbeitsmarkt und damit (aus Sicht des Unternehmens) nach *außen* gerichtet. Als *externes* Personalmarketing beschäftigt sie sich mit den potenziellen Bewerbern und externen Beobachtern des Unternehmens. Sie soll den Zugang zu diesen Zielgruppen sichern und ein dauerhaftes Interesse am Unternehmen als Arbeitgeber erzeugen. Ziel des externen Personalmarketings ist also, neue geeignete Mitarbeiter für das Unternehmen zu gewinnen (vgl. DGFP 2006, S. 30).

Die Anwendung des ersten Teils der **Personalmarketing-Gleichung,** die durch die Prozesskette **Personalbeschaffung** beschrieben wird, liefert einen wertvollen Beitrag zur bewerberorientierten Segmentierung des Arbeitsmarktes. leisten (siehe Abb. 1.2).

Die Analogie zum (klassischen) Absatzmarketing wird ganz besonders deutlich an den Aktionsfeldern der Personalbeschaffungskette. Begriffe wie *Positionierung, Segmentierung, Kommunikation* oder auch *Branding* haben ihren Ursprung und ihre konzeptionellen Grundlagen im klassischen Marketing. Die

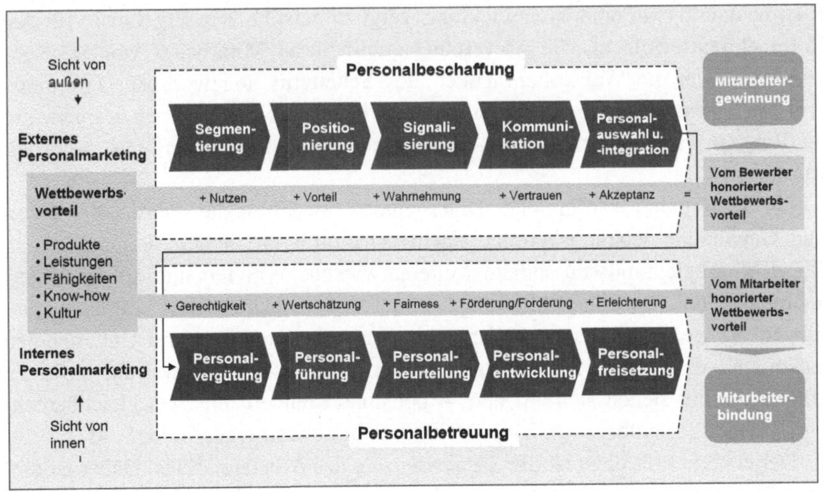

Abb. 1.1   Die (zweigeteilte) Personalmarketing-Gleichung im Überblick. (© Dialog.Lippold)

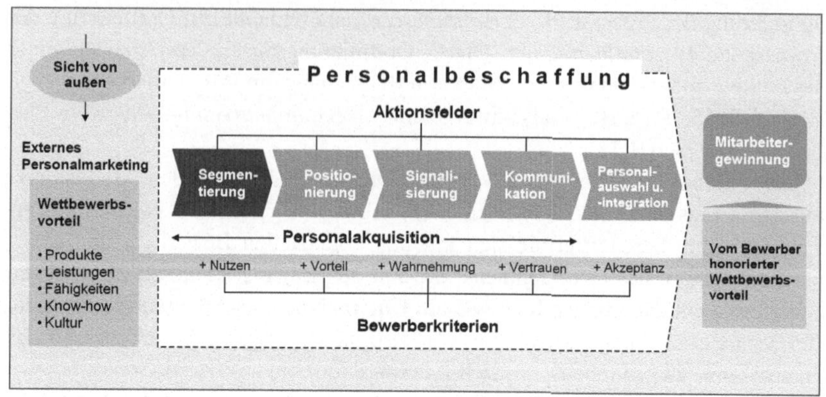

Abb. 1.2 Die Wertschöpfungskette Personalbeschaffung. (© Dialog.Lippold)

Übertragung dieser Begriffe auf das Personalmarketing ist deshalb zielführend, weil geeignete Bewerber quasi als Kunden genauso umworben werden müssen wie potenzielle Käufer von Produkten und Dienstleistungen.

Dieser Wettbewerb um hoch qualifizierte und leistungsbereite Mitarbeiter lässt sich allerdings nicht dadurch lösen, dass bei Bedarf entsprechendes Personal von Konkurrenten abgeworben wird. Eine sorgfältige Personalauswahl, verbunden mit einer nachhaltigen Personalentwicklung, zeigt zumeist bessere Ergebnisse für den Unternehmenserfolg als die Abwerbung qualifizierter Mitarbeiter von der Konkurrenz. Denn die Wahrscheinlichkeit des Scheiterns abgeworbener Führungskräfte ist oftmals höher als für einen Mitarbeiter aus den eigenen Reihen, der im Rahmen einer systematischen Karriereentwicklung gefordert und gefördert wurde.

Die Zielsetzung erfolgreicher Unternehmen muss also die möglichst frühzeitige Gewinnung leistungsbereiter Nachwuchskräfte mit hohem Potenzial sein. Diese Mitarbeiter müssen sodann weiterentwickelt, motiviert und an das Unternehmen gebunden werden. Allerdings ist hierbei zu beachten, dass besonders qualifizierte Bewerber zumeist die Wahl zwischen Angeboten mehrerer Unternehmen haben und daher sehr selbstbewusst während ihrer Arbeitsplatzwahl auftreten können. Damit stehen sich auf dem Arbeitsmarkt tendenziell zwei gleichberechtigte Partner gegenüber (vgl. Lippold 2010, S. 3; Schamberger 2006, S. 4).

Der erste Schritt dazu ist die *Segmentierung* des Arbeitsmarktes. Daher ist dieses Aktionsfeld auch eine notwendige Voraussetzung für alle weiteren Aktionsfelder der Prozesskette Personalbeschaffung.

Im Aktionsfeld *Arbeitsmarktsegmentierung* geht es um das Verständnis für eine bewerberorientierte Durchführung der Segmentierung. Ausgangspunkt ist dabei der Personalbedarf und die daraus abgeleiteten Anforderungsprofile.

Die Aktionsfelder

- *Arbeitsmarktpositionierung,*
- *Signalisierung im Arbeitsmarkt*
- *Kommunikation mit dem Bewerber*
- *Personalauswahl und -integration*

folgen in der zeitlichen Reihenfolge dem Aktionsfeld *Arbeitsmarktsegmentierung* und vervollständigen die Wertschöpfungskette Personalbeschaffung. Sie sind aber nicht Gegenstand dieser Betrachtung.

Aufgabe und Ziel der Segmentierung

Die Akquisition von geeigneten Mitarbeitern kann nur dann erfolgreich sein, wenn das Unternehmen die Bedürfnisse und Anforderungen dieser Zielgruppe kennt, diesen mit seinem Marktauftritt gerecht wird und dies auch glaubhaft nach außen kommuniziert. Eine gezielte Ansprache wird dann erleichtert, wenn es gelingt, Kriterien aufzustellen, mit deren Hilfe die geeigneten Mitarbeiter identifiziert und von den sonstigen Bewerbern abgegrenzt werden können.

Im Rahmen des Personalbeschaffungsprozesses ist daher die **Segmentierung des Arbeitsmarktes** das erste wichtige Aktionsfeld für das Personalmarketing. Von besonderer Bedeutung ist dabei das Verständnis für eine *bewerberorientierte* Durchführung der Segmentierung, denn der Beschaffungsprozess sollte grundsätzlich aus Sicht des Bewerbers beginnen.

Die Segmentierung hat demnach die Optimierung des *Bewerbernutzens* zum Ziel:

$$Bewerbernutzen = f\,(Segmentierung) \rightarrow optimieren!$$

Der Arbeitsmarkt ist – ebenso wie der Produkt- oder Dienstleistungsmarkt – kein monolithischer Block. Er umfasst mehr Berufe, mehr Berufsgruppen, mehr Berufswelten und mehr berufliche Einsatzfelder als *ein* Unternehmen allein abdecken kann.

Der Bewerbermarkt ist also keine homogene Einheit. Aufgrund der unterschiedlichsten Bewerberanforderungen und -qualifikationen besteht er aus einer Vielzahl von Segmenten. Die Anforderungen, die ein Bewerber an seinen zukünftigen Arbeitgeber stellt, und die Fähigkeiten der Unternehmen, diese Anforderungen zu erfüllen, sind maßgebend für die Bewerberentscheidung und damit für den

© Springer Fachmedien Wiesbaden GmbH 2017
D. Lippold, *Aspekte und Dimensionen der Bewerbermarkt-Segmentierung,* essentials, DOI 10.1007/978-3-658-16474-4_2

Erfolg oder Misserfolg eines Unternehmens bei seinen Rekrutierungsbemühungen (vgl. Simon et al. 1995, S. 64).

Damit wird deutlich, welche Bedeutung die Segmentierung des Arbeitsmarktes für das verantwortliche Personalmanagement hat. Im Vordergrund steht die Analyse der Ziele, Probleme und Nutzenvorstellungen der Bewerber. Es muss Klarheit darüber bestehen, was das Gemeinsame und was das Spezifische dieser Bewerbergruppe im Vergleich zu anderen ist. Die hiermit angesprochene Rasterung des Bewerbermarktes erhöht die Transparenz und damit die Rekrutierungschancen.

Die **Methode der Marktsegmentierung** hat ihren Ursprung im klassischen Marketing. Im Bereich der Personalbeschaffung ist die arbeitsmarktbezogene Segmentierung bislang noch wenig verbreitet (vgl. Stock-Homburg 2013, S. 150).

Abb. 2.1 gibt einen Überblick über die verschiedenen Stufen und Abhängigkeiten der Segmentierung im Personalbereich. Ausgehend von der Personalbedarfsplanung muss zunächst entschieden werden, ob die gesuchte Stelle/Position mit eigenen Mitarbeitern (intern) oder mit neuen Mitarbeitern (extern) besetzt werden soll. Die externe Besetzung setzt im nächsten Schritt eine Arbeitsmarktsegmentierung voraus.

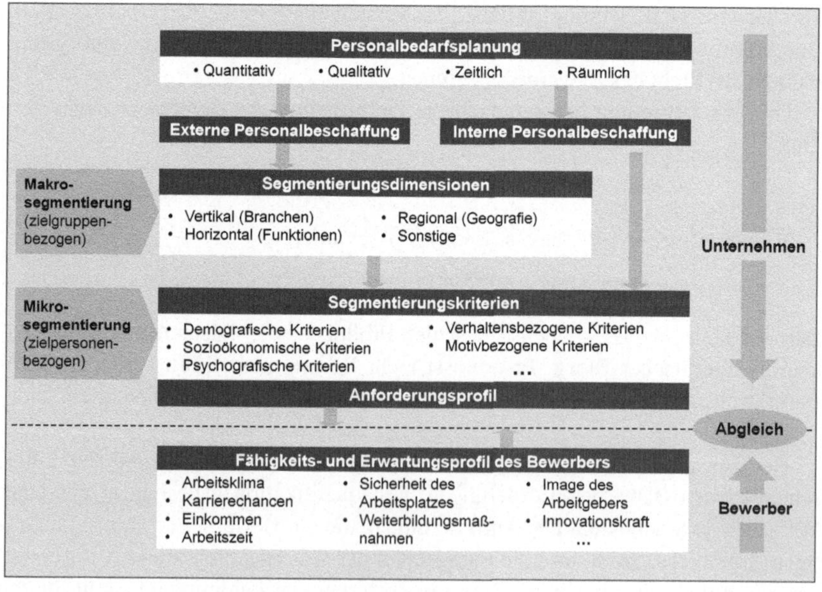

Abb. 2.1 Stufen und Abhängigkeiten in der Arbeitsmarktsegmentierung

Dieser als Makrosegmentierung bezeichneten Phase, die alle infrage kommenden Bewerberzielgruppen ins Auge fasst und analysiert, folgt die *zielpersonenorientierte* Mikrosegmentierung. Das Ergebnis der Mikrosegmentierung ist ein konkretes **Anforderungsprofil** der gesuchten Stelle. Das Anforderungsprofil ist wiederum Grundlage für die Maßnahmen in den anschließenden Aktionsfeldern *Positionierung, Signalisierung* und *Kommunikation.* Letztlich wird dann das Anforderungsprofil der Position mit dem **Fähigkeits- und Erwartungsprofil** des Bewerbers abgeglichen.

Die Anwendung des ersten Teils der **Personalmarketing-Gleichung,** die durch die Prozesskette **Personalbeschaffung** beschrieben wird, liefert einen wertvollen Beitrag zur bewerberorientierten Segmentierung des Arbeitsmarktes (siehe Abb. 2.1).

Personalbedarfsplanung

Ausgangspunkt und Grundlage der Arbeitsmarktsegmentierung ist die **Personalbedarfsplanung,** die in quantitativer, qualitativer, räumlicher und zeitlicher Hinsicht vorgenommen werden kann. Die Personalbedarfsplanung stellt die Schnittstelle zwischen den anderen Unternehmensplänen und der Personalplanung dar und zielt darauf ab, personelle Über- bzw. Unterkapazitäten mittel- und langfristig zu vermeiden. Die Personalbedarfsplanung ist vielleicht der wichtigste Teil der **Personalplanung** (engl. *Workforce Planning*). Weitere Teilbereiche der Personalplanung sind die Personalentwicklungsplanung, die Personaleinsatzplanung, die Personalfreisetzungsplanung und die Personalkostenplanung (vgl. Bartscher et al. 2012, S. 205 f.; Jung 2006, S. 113).

3.1 Quantitative Personalbedarfsplanung

Im ersten Schritt der quantitativen Personalbedarfsplanung ist zu klären, welcher **Soll-Personalbestand** im Planungszeitraum erreicht werden soll. Die Höhe des Soll-Personalbestands hängt in erster Linie von den Zielen des Unternehmens ab (Wachstum, Konsolidierung, Restrukturierung). Die Differenz zum **Ist-Personalbestand** zu Beginn der Planungsperiode ist aber nicht zwangsläufig der Neubedarf an Mitarbeitern, da in der Planungsperiode zusätzliche Abgänge (Pensionierungen, Kündigungen, Elternzeit etc.), aber auch Zugänge (Neueinstellungen, Wehrdienstrückkehrer etc.) zu berücksichtigen sind. Die Differenz zwischen den voraussichtlichen Abgängen und Zugängen wird als **Ersatzbedarf** bezeichnet. Der Ersatzbedarf gibt damit die Anzahl der Mitarbeiter an, die bis zum Ende der Planungsperiode eingestellt werden müssen, um den (Ist-)Personalbestand zu Beginn des Planungszeitraums zu erreichen. Ist dieser Personalbestand niedriger als der Soll-Personalbestand, so entsteht ein **Zusatzbedarf,** dessen Höhe in erster Linie

© Springer Fachmedien Wiesbaden GmbH 2017   11
D. Lippold, *Aspekte und Dimensionen der Bewerbermarkt-Segmentierung,* essentials, DOI 10.1007/978-3-658-16474-4_3

von den Wachstumsambitionen des Unternehmens abhängt. Ist der Saldo zwischen voraussichtlichem Personalbestand und dem Soll-Personalbestand allerdings negativ, so ergibt sich ein **Freistellungsbedarf.** Zusatzbedarf und Ersatzbedarf ergeben den **Neubedarf,** d. h. die Anzahl aller im Planungszeitraum einzustellenden Mitarbeiter. Damit errechnet sich der Soll-Personalbestand wie folgt:

Soll-Personalbestand = Istbestand + Zugänge – Abgänge + Ersatzbedarf + Zusatzbedarf

In Abb. 3.1 sind die quantitativen Elemente im Kontext der Personalbedarfsplanung dargestellt.

Besonders wichtig für viele Unternehmen ist in diesem Zusammenhang die Beobachtung und Analyse der **Fluktuation,** die sich in der **Fluktuationsrate** (engl. *Attrition Rate*) ausdrückt:

Fluktuationsrate = (Abgänge/Durchschnittlicher Personalbestand) × 100 %

Das Ziel der *Fluktuationsanalyse* besteht darin, Gründe und Motive für das Ausscheiden in Erfahrung zu bringen und daraus zielgerichtete Maßnahmen zu entwickeln, um die Fluktuation im Rahmen der betrieblichen Gegebenheiten und die damit verbundenen Kosten zu senken. Die besondere Bedeutung der Fluktuationsrate für den Unternehmenserfolg zeigt das Rechenbeispiel in Abb. 3.2.

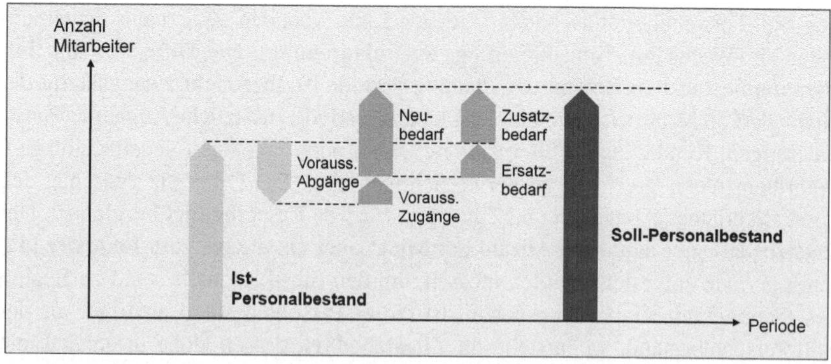

Abb. 3.1 Arten des Personalbedarfs. (Quelle: in Anlehnung an Jung 2006, S. 119)

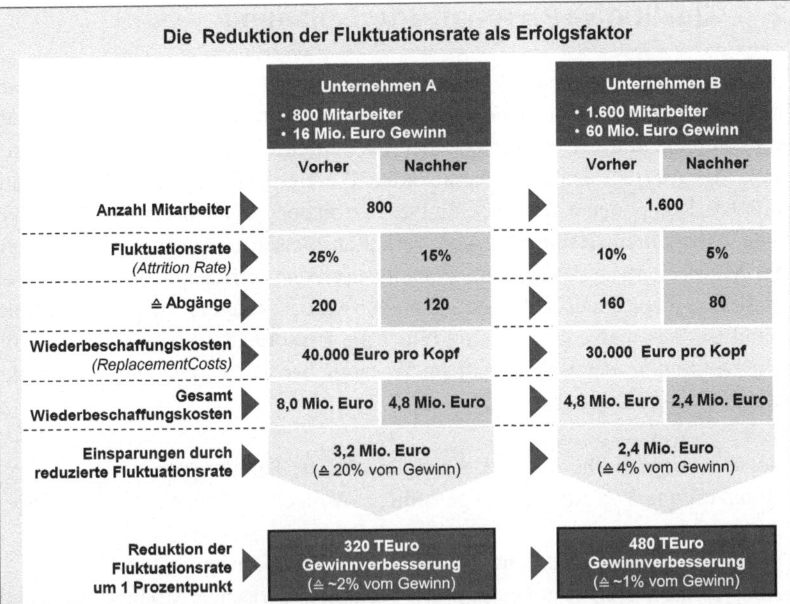

Das Rechenbeispiel zeigt wichtige Unternehmensdaten zweier fiktiver Unternehmensberatungen:

Das **Unternehmen A**, eine Management- und Strategieberatung, beschäftigt 800 Mitarbeiter, erzielt einen Jahresgewinn von 16 Mio. Euro und weist eine Fluktuationsrate von 25 Prozent auf. Die Wiederbeschaffungskosten für einen neuen Berater betragen 40.000 Euro. Damit belaufen sich die Wiederbeschaffungskosten für 200 neue Berater auf insgesamt 8 Mio. Euro, um die Fluktuation auszugleichen. Lässt sich diese Fluktuationsrate von 25 auf 15 Prozent senken, so verringern sich ceteris paribus die Wiederbeschaffungskosten für 120 Berater auf 4,8 Mio. Euro. Damit ließen sich die Rekrutierungskosten allein durch diese Absenkung der Fluktuationsrate um 3,2 Mio. Euro vermindern. Bei einem angenommenen Gewinn von 16 Mio. Euro bedeutet dies eine Gewinnverbesserung für das Consulting-Unternehmen von 20 Prozent. Die Absenkung der Fluktuationsrate um jeweils nur einen Prozentpunkt führt in diesem Fall also zu einer Gewinnverbesserung von zwei Prozent.

Das **Unternehmen B** ist ein IT-Beratungs- und Serviceunternehmen. Es beschäftigt 1.600 Mitarbeiter und erzielt einen Jahresgewinn von 60 Mio. Euro. Das Unternehmen weist eine Fluktuationsrate (engl *Attrition Rate*) von 10 Prozent auf. Die Wiederbeschaffungskosten für einen neuen IT-Berater betragen 30.000 Euro. Um die Fluktuation ceteris paribus auszugleichen, belaufen sich die Wiederbeschaffungskosten) für 160 neue IT-Berater auf insgesamt 4,8 Mio. Euro. Bei einer Absenkung der Fluktuationsrate auf 5 Prozent, lassen sich in dem Fall die Wiederbeschaffungskosten um 2,4 Mio. Euro vermindern. Bei einem angenommenen Gewinn dieses Unternehmens von 60 Mio. Euro p. a. bedeutet diese Reduzierung eine Gewinnverbesserung von vier Prozent. Die Reduktion der Fluktuationsrate um einen Prozentpunkt führt hier also zu einer Gewinnverbesserung von rund einem Prozent.

Fazit: Angesichts der hohen Wiederbeschaffungskosten für hochqualifiziertes Personal kann die Reduktion der Fluktuationsrate ceteris paribus einen sehr beachtlichen Erfolgsfaktor mit unmittelbarem Einfluss auf die Gewinnsituation eines Unternehmens darstellen. Um die Fluktuationsrate nachhaltig abzusenken sind Mitarbeiterbindungsprogramme erforderlich, die sich an den Kriterien Gerechtigkeit, Wertschätzung, Fairness sowie Forderung und Förderung orientieren.

Abb. 3.2 Rechenbeispiel zur Fluktuationsrate in der Beratungsbranche. (Quelle: Lippold 2016, S. 470)

3.2   Qualitative Personalbedarfsplanung

In der Regel wird die Personalbedarfsplanung nicht für die gesamte Belegschaft, sondern für bestimmte, besonders interessierende *Mitarbeitergruppen* (also Segmente) durchgeführt (z. B. Gruppe der Facharbeiter, Gruppe der Projektleiter, Gruppe der Auszubildenden). Damit erhält die Betrachtung zugleich auch eine qualitative Komponente. Die qualitative Personalbedarfsplanung legt fest, über welche Fähigkeiten, Kenntnisse und Verhaltensweisen der Soll-Personalbestand (einer Mitarbeitergruppe) bis zum Planungshorizont verfügen sollte und zu welchen Stellen diese Qualifikationen gebündelt werden können. Ausgangspunkt der qualitativen Personalbedarfsplanung bildet die **Personalstrukturanalyse,** die die Zusammensetzung der Belegschaft im Wesentlichen nach folgenden Merkmalen untersucht (vgl. Bartscher et al. 2012, S. 211):

- Sozio-demografische Analyse: Alter, Geschlecht, Familienstand;
- Beschäftigungstypus: Festangestellte, Vollzeit, Teilzeit, Mini-Jobber, Auszubildende;
- Standortanalysen: Aufteilung der Mitarbeiter nach Betriebsstätten;
- Analyse der Beschäftigungsgruppen: Verteilung zwischen Arbeiter, Angestellten, leitenden Angestellten etc.
- Analyse der Karrierestufen (engl. *Grades*): Verteilung der Mitarbeiter nach Karrierestufen.

Die Ergebnisse der Personalstrukturanalyse münden ein in

- die Stellenbeschreibung und in
- das Anforderungsprofil.

Die **Stellenbeschreibung** (engl. *Job Description*) liefert Informationen über die Einordnung der Stelle in der Organisationsstruktur, über die Ziele und Aufgaben der Stelle sowie über die Rechte und Pflichten des Stelleninhabers. Soweit, so gut. Allerdings hat die Bedeutung der Stellenausschreibung für solche Unternehmen stark abgenommen, die in innovativen Märkten agieren – und das gilt ja wohl für nahezu alle Unternehmen. Angesichts der wirtschaftlichen Dynamik bleibt nämlich mittel- und langfristig kaum eine Stelle unverändert, sodass viele Unternehmen ohnehin nicht nachkommen, ihre Stellenbeschreibungen ständig auf dem neuesten Stand zu halten. Auch ist es manchmal zweckmäßig, dass eine ausschließlich sachbezogene Stellenbeschreibung einer mehr auf konkrete Personen bezogene Stellenbildung weicht. Dies kann immer dann sinnvoll sein, wenn vorhandene Stellen weiterentwickelt werden oder spezielle Stellen erst geschaffen werden sollen, nachdem man einen bestimmten potenziellen Stelleninhaber kennengelernt hat. Auf diese Weise lässt sich auch ein Talentpool mit einer speziellen Wissens- und Fähigkeitsausrichtung schaffen, um damit besser auf bestimmte Innovationen vorbereitet zu sein. Es ist also ratsam, von **Assignments** und nicht von Stellen zu sprechen. Stellen sind starr, unbeweglich und statisch.

Wichtig ist dagegen das **Anforderungsprofil** (engl. *Job Specification*), das als Sollprofil der gesuchten Qualifikation besonders auch zur bewerbergerechten Segmentierung des Arbeitsmarktes dient. Aufgrund der hohen Bedeutung des Anforderungsprofils für den Personalbeschaffungsprozess wird hierauf im Rahmen des 4. Kapitels gesondert eingegangen.

3.3   Zeitliche Personalbedarfsplanung

Je nachdem, welcher Planungshorizont der Personalbedarfsermittlung zugrunde liegt, kann zwischen *kurzfristiger, mittelfristiger* und *langfristiger* Personalbedarfsplanung unterschieden werden (vgl. Jung 2006, S. 119).

- Die **kurzfristige Personalbedarfsplanung** wird zumeist für ein Jahr (das Folgejahr) aufgestellt, da ein großer Teil der für die Personalplanung benötigten Größen (z. B. Umsatz- und Produktionsziele) für diesen Zeitraum bereits festliegen.
- Die **mittelfristige Personalbedarfsplanung** umfasst i. d. R. einen Zeitraum von drei bis fünf Jahren. In diese Planung gehen meist mehrere *Szenarien* ein, die abhängig von der Entwicklung verschiedener Einflüsse wie Konjunktur-, Technologie- oder Branchenentwicklung aufgestellt werden. Daraus lassen sich dann infolge der Eintrittswahrscheinlichkeit unterschiedlicher Szenarien (*„Best Case", „Realistic Case"* oder *„Worst Case"*) auch verschiedene mittelfristige Personalplanungsalternativen entwickeln.
- Die **langfristige Personalbedarfsplanung** reicht über fünf Jahre hinaus. Sie hat aufgrund der unsicheren und unvollständigen Informationen über die zukünftige Entwicklung lediglich den Charakter einer *Grob- oder Rahmenplanung.* Sie hat aber eine gewisse Aussagekraft bei der *Führungskräftenachwuchsplanung.*

3.4 Räumliche Personalbedarfsplanung

Die räumliche Personalbedarfsplanung legt den (Einsatz-)Ort fest, an dem der neue Mitarbeiter benötigt wird. Besonders bei stark dezentral organisierten Unternehmen mit entsprechend vielen Niederlassungen oder Geschäftsstellen ist die räumliche Dimension der Personalbedarfsplanung von Bedeutung.

Das Anforderungsprofil beschreibt die Kriterien, die Bewerber erfüllen müssen und sollen. Ein aus einer offenen Stelle oder anderen Überlegungen abgeleitetes Sollprofil ist die entscheidende Grundlage für einen fundierten, zielorientierten Personalbeschaffungsprozess. Allerdings muss berücksichtigt werden, dass gerade die Prozessbeteiligten mit der vermutlich größten methodischen Kompetenz, nämlich Personalleiter, Personalreferenten oder auch externe Personalberater, die zu besetzende Position zumeist nicht aus eigener täglicher Praxis, sondern nur von Beschreibungen her kennen. Im Gegensatz zu den Fachvorgesetzten, die die zu besetzende Stelle oft sehr gut kennen, haben mitentscheidende Personalfachleute häufig nur eine unklare Kenntnis der konkreten Stellenanforderungen. Damit besteht die Gefahr, dass Auswahl- und Einstellentscheidungen nicht selten intuitiv auf der Basis von Sympathie und Antipathie gefällt werden (vgl. Weuster 2004, S. 32).

4.1 Grenzen des Anforderungsprofils

Das Anforderungsprofil lässt sich in folgende Profilarten unterteilen (vgl. Weuster 2004, S. 38 ff.):

- Mindestprofil
- Höchstprofil
- Idealprofil
- Negativprofil und
- Irrelevanzprofil.

© Springer Fachmedien Wiesbaden GmbH 2017
D. Lippold, *Aspekte und Dimensionen der Bewerbermarkt-Segmentierung*, essentials, DOI 10.1007/978-3-658-16474-4_4

Das **Mindestprofil** beschreibt durch Musskriterien („Knock-out-Kriterien") die Grenze zu unterqualifizierten Bewerbern. Soweit es sich dabei um Fachwissen handelt, sind es Kenntnisse, die der Bewerber schon am ersten Arbeitstag besitzen muss. Wird das Mindestprofil zu niedrig angesetzt, steigt die Gefahr, dass sich ungeeignete Personen bewerben und eingestellt werden. Wird es zu hoch angesetzt, werden geeignete Bewerber von einer Bewerbung abgehalten oder abgelehnt. Bei der Festlegung des Mindestprofils stellt sich die grundlegende Entscheidung, welche Wissensinhalte, Fähigkeiten, Fertigkeiten und Eigenschaften schon beim Eintritt vorhanden sein und welche noch vermittelt werden können. Das Mindestprofil dient folglich dazu, konfliktträchtige Fehlbesetzungen zu vermeiden.

Das **Höchstprofil** legt die Grenze zu überqualifizierten Bewerbern fest, ohne dabei objektiv geeignete Bewerber auszuschließen. Überqualifizierung kann bei Arbeitnehmern Unzufriedenheit wegen der Unterforderung, der geringen Verantwortung, der zu gering empfundenen Bezahlung und Entwicklungsmöglichkeiten erzeugen. Außerdem zeigt sich gelegentlich das paradoxe Phänomen, dass überqualifizierte Stelleninhaber die Aufgaben ihrer Stelle weniger gut erledigen, als passend qualifizierte Stelleninhaber.

Das **Idealprofil** hingegen beschreibt den Wunschkandidaten und beinhaltet oft auch Wunschkriterien, von denen abgewichen werden kann, ohne dass dadurch sofort eine Fehlbesetzung gegeben wäre. Sind die Chancen gering, den idealen Bewerber zu finden, kann es durchaus sinnvoll sein, mit einem modifizierten Idealprofil auch oft übersehene Bewerbergruppen ins Auge zu fassen.

Das **Negativprofil** (auch *Tabuprofil*) nennt Merkmale, die Bewerber grundsätzlich nicht aufweisen sollten. Beispiele können Vorstrafen bei Bankangestellten oder bestimmte Krankheiten bei Arbeitnehmern in der Lebensmittelproduktion sein.

Das **Irrelevanzprofil** schließlich beschreibt Merkmale, die für die Besetzung der Stelle nicht von Bedeutung sind. Dazu zählen bspw. das Geschlecht, bestimmte Sprachkenntnisse, schriftliches Ausdrucksvermögen – Merkmale also, die als Anforderungs- oder Auswahlkriterien für eine bestimmte Stelle keine Rolle spielen sollen.

4.2   Komponenten des Anforderungsprofils

Eine weitere Unterteilungsmöglichkeit von Anforderungsprofilen bezieht sich auf den Ausbildungs- und Erfahrungshintergrund eines Bewerbers. Danach kann untergliedert werden in (vgl. Weuster 2004, S. 40 ff.):

- Bildungsprofil
- Berufserfahrungsprofil
- Ergänzende Profilkomponenten.

Mit dem **Bildungsprofil** sind schwerpunktmäßig die schulische und universitäre Ausbildung sowie die Berufsausbildung angesprochen. In das Bildungsprofil fließen Komponenten wie Schulausbildung, Berufsausbildung, Hochschulart, Hochschulort, Studienfach und Studienschwerpunkt sowie bestimmte Spezialkenntnisse (z. B. Sprachen) ein.

Das **Berufserfahrungsprofil** bildet jene Erfahrungen, Fähigkeiten und Kompetenzen ab, die während der Berufsausübung erworben wurden. Zum Berufserfahrungsprofil zählen Funktionserfahrung, Branchenerfahrung, Positionserfahrung, Hierarchieerfahrung und Aufgabenerfahrung (Entscheidungsaufgaben, Erfüllungsaufgaben) sowie methodische Erfahrung.

Ergänzende **Profilkomponenten** kommen mehr aus dem persönlichen Bereich (*„Soft skills"*) und können für die Besetzung bestimmter Positionen von erheblicher Bedeutung sein. Beispiele solcher Profilkomponenten sind die Verfügbarkeit externer Kontakte, zeitliche Verfügbarkeit, Mobilität (Reisebereitschaft und Reisefähigkeit).

Abb. 4.1 zeigt die Komponenten des Anforderungsprofils im Überblick.

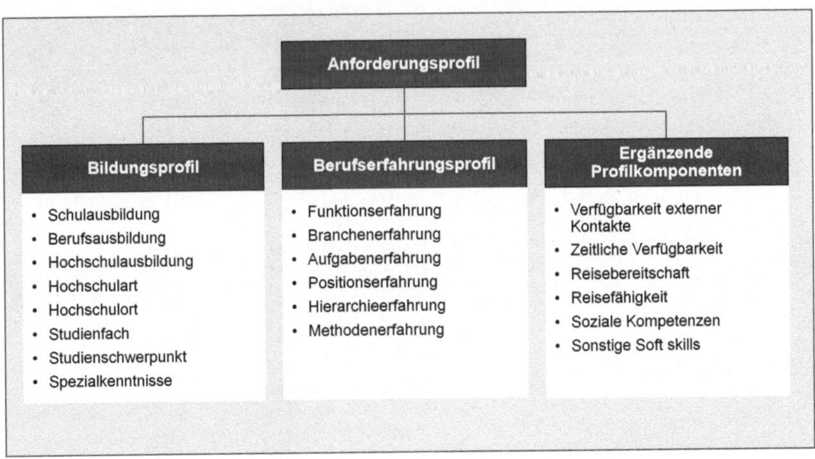

Abb. 4.1 Komponenten des Anforderungsprofils. (Quelle: Weuster 2004, S. 40 ff. [modifiziert])

Personalbeschaffungswege   5

Grundsätzlich stehen dem Unternehmen zwei Personalbeschaffungswege zur Bedarfsdeckung zur Verfügung: der *interne* und der *externe* Personalbeschaffungsmarkt. Abb. 5.1 gibt einen Überblick über die vielfältigen Möglichkeiten der internen und externen Personalgewinnung.

5.1 Interne Personalbeschaffung

Die interne Personalgewinnung umfasst alle Aktivitäten, die sich auf die Besetzung von Stellen durch bereits im Unternehmen beschäftigte Führungskräfte und Mitarbeiter beziehen. Die innerbetriebliche Bedarfsdeckung kann mit oder ohne Personalbewegung erfolgen, wobei die *Bedarfsdeckung ohne Personalbewegung* nur dann in Anspruch genommen wird, wenn es sich um einen vorübergehenden Personal(mehr)bedarf handelt. Für das Personalmarketing ist jedoch die *Bedarfsdeckung mit Personalbewegung* bedeutsamer.

Allgemein gilt der Grundsatz, dass vor einer Stellenbesetzung zunächst geprüft werden sollte, ob und inwieweit *vorhandene* Mitarbeiterpotenziale genutzt werden können, denn die **Vorteile der internen Personalbeschaffung** sind offenkundig:

- Da das Unternehmen die Stärken und Schwächen des eigenen Personals kennt, reduziert sich das Risiko einer Fehlbesetzung.
- Für Mitarbeiter und Führungskräfte, die durch gezielte strategische Personalentwicklung im Hinblick auf ihre Laufbahnplanung zur Bewältigung künftiger Aufgaben geschult werden, bedeutet die interne Stellenbesetzung einen besonderen Anreiz, der zu einer höheren Arbeitszufriedenheit führt.

© Springer Fachmedien Wiesbaden GmbH 2017   21
D. Lippold, *Aspekte und Dimensionen der Bewerbermarkt-Segmentierung*, essentials, DOI 10.1007/978-3-658-16474-4_5

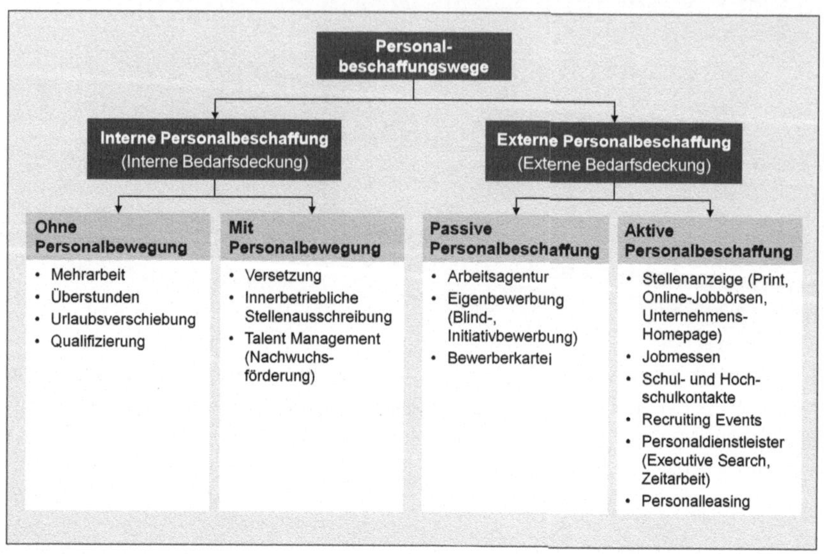

Abb. 5.1 Interne und externe Personalbeschaffungswege. (Quelle: Darstellung in Anlehnung an Jung 2006, S. 136 ff.)

- Im Gegensatz zur externen Personalbeschaffung ist die interne erheblich weniger zeit- und kostenintensiv.
- Die interne Personalbeschaffung führt nicht zu einer Verschiebung der Gehaltsstruktur des Unternehmens.
- Da die eigenen Mitarbeiter mit den Strukturen und Abläufen vertraut sind, werden die Einarbeitungskosten minimiert.
- Ein Abbau von Personal in anderen Bereichen kann vermieden werden.

Diesen Vorteilen stehen aber auch einige **Nachteile der internen Personalbeschaffung** gegenüber:

- Es besteht die Gefahr, dass die interne Stellenbesetzung die *„Betriebsblindheit"* fördern kann, d. h. Mitarbeiter entwickeln unternehmensspezifische Denk- und Verhaltensweisen, die eine Entwicklung innovativer Ideen bremsen oder behindern können.
- Ebenso besteht die Gefahr der *Veralterung des Wissens* aufgrund fehlender Impulse von außen.
- Bei Mitarbeitern, die nicht für die ausgeschriebene Stelle berücksichtigt wurden, können Unzufriedenheit und Enttäuschung zum Verlust von Arbeitsmotivation (*„innere Kündigung"*) und Illoyalität führen.

Angesichts dieser Gegenüberstellung von Vor- und Nachteilen der internen Personalbeschaffung, bei der augenscheinlich die Vorteile überwiegen, sollte der personalpolitische Grundsatz, auf eine Beschaffungspriorität von innen zu setzen, allerdings nicht überzogen werden.

Da die interne Bedarfsdeckung auf anderen Voraussetzungen beruht (u. a. das Vorhandensein gezielter Personalentwicklungsmaßnahmen und großzügiger Fortbildungsangebote) als die Bedarfsdeckung über den externen Personalbeschaffungsmarkt, muss im Einzelfall entsprechend der jeweiligen Situation darüber entschieden werden, welcher Personalbeschaffungsweg den größeren Erfolg verspricht (vgl. Jung 2006, S. 136).

5.2   Externe Personalbeschaffung

Bei der externen Personalgewinnung werden Führungskräfte bzw. Mitarbeiter außerhalb des Unternehmens gesucht. Externe Personalbeschaffung ist vor allem dann von Bedeutung, wenn

- der quantitative Bedarf nicht ausreichend durch intern verfügbare Führungskräfte und Mitarbeiter gedeckt werden kann bzw.
- Fähigkeitspotenziale benötigt werden, die im Unternehmen nicht vorhanden sind und nicht selbst entwickelt werden können.

Ein Großteil der externen Personalbeschaffung befasst sich mit der Anwerbung von *Berufsanfängern,* um langfristig und gezielt Qualifikationen für das Unternehmen aufzubauen. Die externe Personalbeschaffung ist zwar aufwendiger als die interne, aber durch sie steht letztlich ein größeres Bewerberpotenzial zur Verfügung. Vor allem erfahrene Mitarbeiter, die von außen in das Unternehmen kommen, können aufgrund ihres Erfahrungshintergrundes neue Ideen in das Unternehmen hineintragen. Die mangelnde Vertrautheit mit innerbetrieblichen Abläufen birgt allerdings auch den Nachteil, dass sich der neue Mitarbeiter zunächst einarbeiten muss und während dieser Zeit nicht die volle Leistung erbringen kann. Da das Unternehmen und der Bewerber sich gegenseitig nicht kennen, fällt zudem die zuverlässige wechselseitige Beurteilung schwer. Unproblematischer ist dagegen die *Ablehnung* externer Bewerber, da diese keine direkten innerbetrieblichen Folgen nach sich zieht.

Im Folgenden soll der Betrachtungsschwerpunkt bei der Personalgewinnung ausschließlich auf die *externe Personalbeschaffung* und damit auf den *externen Personalbeschaffungsmarkt* gelegt werden, denn letztlich erfordern interne Personalbewegungen auch immer Außenrekrutierungen, damit frei werdende Arbeitsplätze besetzt werden können (vgl. RKW 1990, S. 139).

Ist die Entscheidung über eine *externe* Besetzung der Stelle gefallen, geht es im nächsten Schritt darum, den **Arbeitsmarkt** im Hinblick auf die relevanten Zielgruppen zu analysieren.

Der Arbeitsmarkt ist der Ort, auf dem Arbeitskraft nachgefragt, angeboten und getauscht wird. Solche Austauschbeziehungen kommen dann zustande, wenn die Austauschpartner – also Bewerber und Unternehmen – jeweils einen individuellen Nutzenzuwachs wahrnehmen. Laut *Anreiz-Beitrags-Theorie* ist dies immer dann der Fall, wenn von beiden Seiten jeweils eine gewisse Gleichwertigkeit von *Anreizen* und *Beiträgen* verspürt wird (vgl. Himmelreich 1989, S. 25 ff.).

Für den Bewerber/Kandidaten bedeutet das konkret, dass die angebotenen Anreize, die mit dem (neuen) Arbeitsplatz verbunden sind, die erwarteten zukünftigen Belastungen mindestens kompensieren oder übersteigen. Seitens des Unternehmens ist der Beitrag des Bewerbers/Kandidaten in Form der erwarteten Aufgabenerfüllung mindestens gleich oder höher einzuschätzen als die dafür notwendigerweise zu zahlende Vergütung. Nur wenn gleichzeitig auf Unternehmens- und Kandidatenseite die so beschriebenen Gleichgewichtszustände vorherrschen, kommt ein Arbeitsverhältnis zustande. Andernfalls besteht von der einen und/oder anderen Seite kein Interesse (vgl. Ringlstetter und Kaiser 2008, S. 250 f.).

In Abb. 6.1 sind die verschiedenen Varianten beim Zustandekommen von Arbeitsverhältnissen dargestellt.

Der Wettbewerb um besonders qualifizierte Bewerber ist umso härter, je knapper und bedeutsamer die Arbeitskraft dieser Bewerber ist und je größer für diese die Auswahl zwischen den Angeboten mehrerer Unternehmen ist. In einer derartigen Wettbewerbssituation sind es u. a. folgende Eckpunkte, die den Arbeitsmarkt

© Springer Fachmedien Wiesbaden GmbH 2017

D. Lippold, *Aspekte und Dimensionen der Bewerbermarkt-Segmentierung*, essentials, DOI 10.1007/978-3-658-16474-4_6

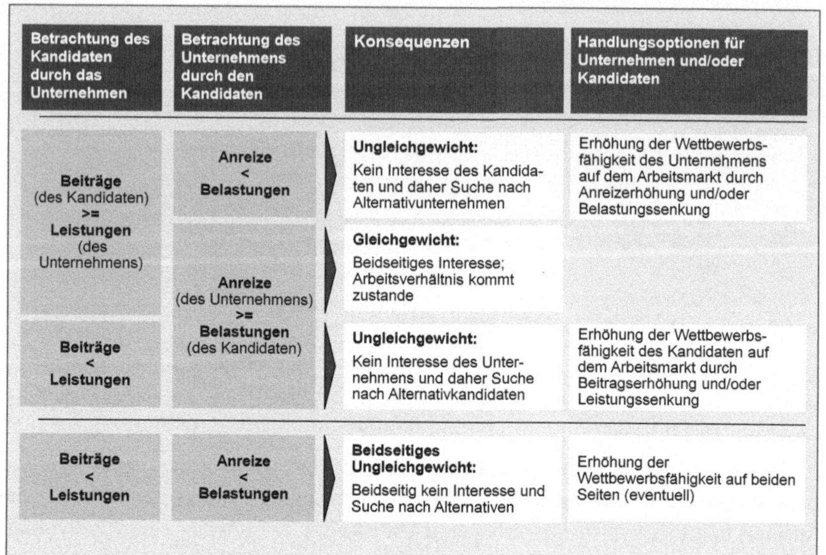

Abb. 6.1 Zustandekommen von Arbeitsverhältnissen. (Quelle: Ringlstetter und Kaiser 2008, S. 252)

aus Sicht des Unternehmens charakterisieren (vgl. Ringlstetter und Kaiser 2008, S. 252):

- Der Bewerber/Kandidat ist ein potenzieller *Kunde* des Unternehmens. Der angebotene Arbeitsplatz ist also das *Produkt,* das es dem potenziellen Mitarbeiter zu *„verkaufen"* gilt.
- Andere Unternehmen, die sich ebenfalls um die Arbeitskraft des Kandidaten bemühen, sind als *Wettbewerber* anzusehen.
- Wird der angebotene Arbeitsplatz gegen eine Arbeitskraft eingetauscht, dann lässt sich deren Qualität nur sehr begrenzt abschätzen.
- Bei einem *Arbeitsplatzwechsel* tritt für den Bewerber eine gewisse *Risikoaversion* auf, d. h. die neue Position muss vom Bewerber signifikant besser eingeschätzt werden als die bisherige.

Auswahl und Relevanz der Marktsegmente

Für das einzelne Unternehmen sind in aller Regel nur bestimmte Ausschnitte des Arbeitsmarktes von Bedeutung. Daher ist es notwendig, zunächst diese Ausschnitte (Segmente) zu bestimmen, in denen das Unternehmen tatsächlich aktiv ist bzw. aktiv werden sollte.

Zur Differenzierung der unterschiedlichen Zielgruppen und Zielpersonen bietet sich – analog zum Absatzmarketing – eine Segmentierung des Arbeitsmarktes in zwei **Segmentierungsstufen** an:

- die **Makrosegmentierung** zur Auswahl und Ansteuerung der relevanten *Segmentierungsdimensionen* und
- die **Mikrosegmentierung** zur Festlegung der relevanten *Segmentierungskriterien*.

7.1 Makrosegmentierung

In der Stufe der Makrosegmentierung, die den strategischen Aspekt der Arbeitsmarktsegmentierung beinhaltet, wird der Arbeitsmarkt in seinen verschiedenen Dimensionen betrachtet und in möglichst homogene Segmente aufgeteilt. Die wichtigsten Dimensionen sind:

- **Vertikale Märkte** (Branchen wie die Automobilindustrie [engl. *Automotive*], Chemie, Pharmazeutische Industrie, Banken, Versicherungen, Konsumgüter etc.)
- **Horizontale Märkte** (betriebliche Funktionsbereiche wie Marketing/Vertrieb, Produktion, Logistik, Forschung und Entwicklung etc.)

© Springer Fachmedien Wiesbaden GmbH 2017
D. Lippold, *Aspekte und Dimensionen der Bewerbermarkt-Segmentierung*, essentials, DOI 10.1007/978-3-658-16474-4_7

- **Regionale Märkte** (national, international, global)
- **Sonstige Märkte** (Markt für Hochschulabsolventen, Berufseinsteiger, Führungskräfte etc.).

Wichtig bei der Durchführung der Makrosegmentierung ist, dass sich das suchende Unternehmen nicht nur in ein oder zwei Dimensionen festlegt. Erst eine **mehrdimensionale Arbeitsmarktausrichtung** (wie in Abb. 7.1 dargestellt), die sich beispielsweise auf eine Branche, auf einen oder zwei betriebliche Funktionsbereiche, auf ein oder zwei regionale Märkte sowie auf Führungskräfte konzentriert, kann der Gefahr einer möglichen Verzettelung der knappen Personalmarketing-Ressourcen vorbeugen. Andererseits kann die mehrdimensionale Segmentierung auch dazu führen, dass das Potenzial eines aus der Schnittmenge mehrerer Dimensionen gewonnenen Arbeitsmarktsegments für eine intensive Bearbeitung nicht ausreicht.

Diese erste (segmentierungsstrategisch ausgelegte) Stufe der Arbeitsmarktanalyse ist deshalb für das suchende Unternehmen von Bedeutung, weil auf diese Weise bereits geeignete Bewerbergruppen identifiziert und von den sonstigen Bewerbern abgegrenzt werden können.

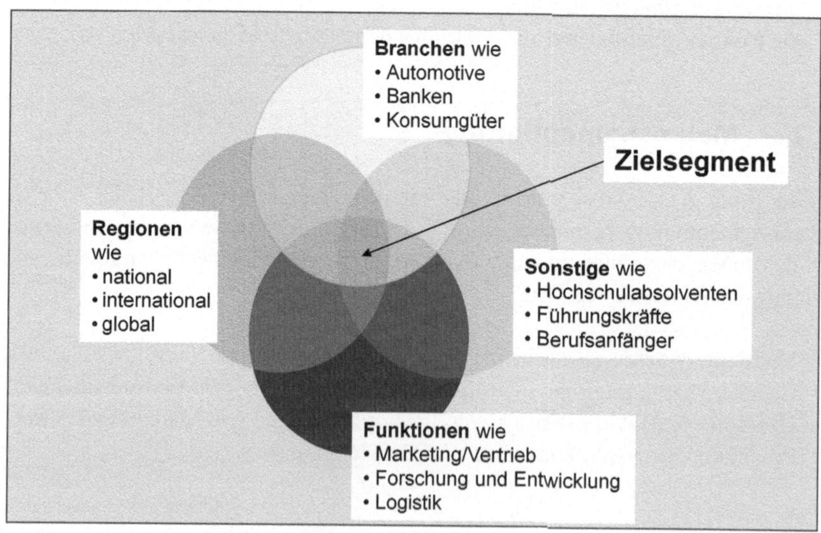

Abb. 7.1 Mehrdimensionale Arbeitsmarktsegmentierung

7.2 Mikrosegmentierung

Die darauf folgende (taktisch ausgelegte) Stufe der *Mikrosegmentierung* befasst sich mit den Zielpersonen innerhalb der in der Makrosegmentierung ausgewählten Zielgruppen. Die Mikrosegmentierung basiert auf den Ausprägungen ausgewählter *Segmentierungskriterien* (vgl. Homburg und Krohmer 2006, S. 487):

- **Demografische Kriterien** wie Alter, Geschlecht, Familienstand;
- **Sozioökonomische Kriterien** wie aktuelles Einkommen, Vermögen, Ausbildungsniveau, Branchenerfahrung, aktuelle Position, Berufsgruppe, Stellung im beruflichen Lebenszyklus;
- **Psychografische Kriterien** wie Lebensstil, Einstellungen, Interessen oder auch bedürfnisbezogene Motive;
- **Verhaltensbezogene Kriterien** wie durchschnittliche Betriebszugehörigkeit, Häufigkeit des Arbeitgeberwechsels;
- **Motivbezogene Kriterien** wie monetäre Motive, imagebezogene Motive, arbeitsinhaltliche Motive, karrierebezogene Motive bei der Stellensuche.

Die Segmentierung kann sich auf *eine* Kategorie von Segmentierungskriterien (z. B. verhaltensbezogene Kriterien) beziehen; es können aber auch verschiedene Gruppen von Segmentierungskriterien miteinander kombiniert werden. Die Segmente können sich dann aus scharf abgrenzbaren Zielgruppen oder aus Typen von Bedürfnisträgern zusammensetzen. Eine Typenbildung ist immer dann sinnvoll, wenn eine bedürfnisindividuelle Ansprache einzelner, potenzieller Kandidaten aus ökonomischen Gründen nicht durchführbar scheint (vgl. Ringlstetter und Kaiser 2008, S. 257).

Abb. 7.2 stellt beispielhafte Segmente für die o. g. Segmentierungskriterien gegenüber.

Unabhängig vom inhaltlichen Fokus der Segmentierung sind die einzelnen Ausprägungen der Segmentierungskriterien und -dimensionen dahin gehend zu prüfen, ob sie folgenden *Segmentierungsanforderungen* genügen (vgl. Schamberger 2008, S. 50 ff.):

- **Relevanz,** d. h. die Kriterien müssen zur Bildung und Abgrenzung von Segmenten relevant sein,
- **Operationalität,** d. h. die Segmente müssen messbar, definierbar und identifizierbar sein,
- **Erreichbarkeit,** d. h. die Segmente müssen für Signalisierungsinstrumente zugänglich sein,

Segmentierungs- **kategorie**	Beispielhafte Segmentierungs-kriterien	Beispielhafte Segmente			
		1	**2**	**3**	**4**
Demografische Segmentierung	• Alter • Geschlecht • Familienstand	Junge Internationale	Reife Erfahrene		
Sozioökonomische Segmentierung	• Berufsgruppe • Beruflicher Lebens-zyklus • Einkommen • Position • Vermögen • Bildungsniveau	Technische Fachrichtung Schul-abgänger Oberes Management	Kaufm. Fachrichtung Hochschul-absolventen Mittleres Management	 Berufs-erfahrene Unteres Management	
Psychografische Segmentierung	• Bedürfnisbezogene Motive • Kognitive Orientierung • Einstellung zur Arbeit • Aufstiegsstreben	„Auf das richtige Pferd setzen"-Typ Optimistisch Extrovertierte	„Viel verdienen, viel riskieren"-Typ Stille Hoffer	„Die Welt retten"-Typ Pessimisten	„Arbeiten, um zu leben"-Typ
Verhaltensbezogene Segmentierung	• Informationsverhalten • Arbeitsverhalten • Verhalten bei der Stellensuche	Informierte Job Hopper	Traditionelle Loyale	Interessierte Loyale	
Motivbezogene Segmentierung	• Monetäre • Imagebezogene • Karrierebezogene • Arbeitsinhalts-bezogene Motive	Image-orientierte	Karriere-orientierte	Gehalts-orientierte	Selbst-beweisende

Abb. 7.2 Beispielhafte Segmentierungskriterien und Segmente. (Quelle: in Anlehnung an Stock-Homburg 2008, S. 124)

- **Zeitliche Stabilität,** d. h. die Kriterien müssen über einen längeren Zeitraum hinweg aussagefähig sein,
- **Wirtschaftlichkeit,** d. h. die Kriterien sollen helfen, Segmente abzugrenzen, deren Bearbeitung sich lohnt.

In Abb. 7.3 sind die wichtigsten Segmentierungsbegriffe im Zusammenhang dargestellt.

Die kurze Vorstellung der verschiedenen Segmentierungskriterien macht das *„Dilemma der Segmentierung"* für den Arbeitsmarkt deutlich: Während die Segmentbildung und -abgrenzung mit demografischen und sozioökonomischen Kriterien relativ leicht durchführbar sind, kann hier die Relevanz problematisch sein. Psychografische, verhaltens- und motivbezogene Segmentierungen dagegen weisen eine hohe Relevanz auf, die identifizierten Marktsegmente sind jedoch wesentlich schwerer zugänglich und messbar (zur vergleichbaren Problematik im [klassischen] Absatzmarketing vgl. Homburg und Krohmer 2009, S. 468).

Abb. 7.4 verdeutlicht diesen Sachverhalt.

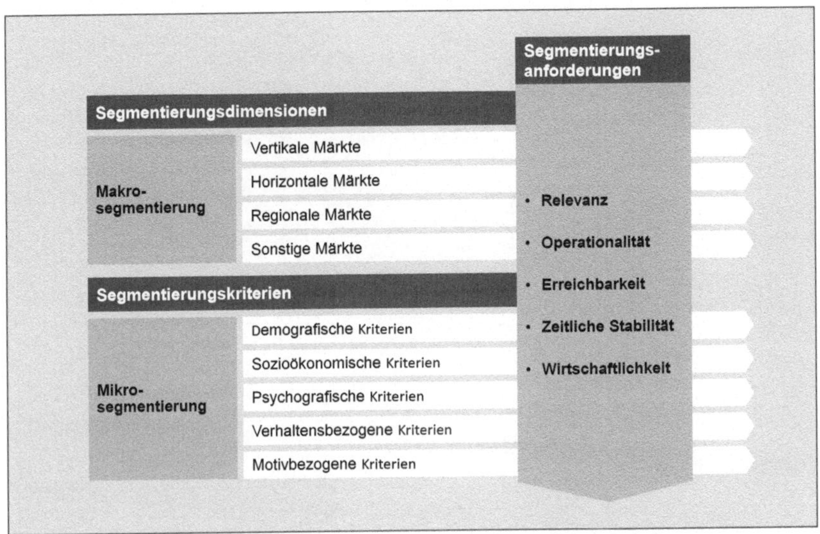

Abb. 7.3 Segmentierungsdimensionen, -kriterien und -anforderungen im Überblick

Anforderungen Kriterien	Relevanz	Operationalität (insb. Messbarkeit)	Erreichbarkeit
Demografische Segmentierung	nicht so hoch	hoch	hoch
Sozioökonomische Segmentierung	nicht so hoch	hoch	hoch
Psychografische Segmentierung	hoch	niedrig	niedrig
Verhaltensbezogene Segmentierung	hoch	niedrig	niedrig
Motivbezogene Segmentierung	hoch	niedrig	niedrig

Abb. 7.4 Beurteilung der Segmentierungskriterien. (Quelle: Lippold 2012, S. 66 unter Bezugnahme auf Freter 1995, S. 1809 f.)

Segmentbewertung 8

Sind die relevanten Marktsegmente identifiziert und die Bedürfnisse, Ziele und Erwartungen der anzusprechenden Zielgruppe (Bewerber/Kandidat) transparent, stehen Überlegungen des Unternehmens an, welche besonderen Herausforderungen in den jeweiligen Marktsegmenten vorherrschen. Wichtig sind in diesem Zusammenhang folgende Bewertungsdimensionen (vgl. Ringlstetter und Kaiser 2008, S. 258 ff.):

- Relatives Marktsegmentvolumen
- Qualifikationssituation
- Wettbewerbsintensität und Vergütungsniveau.

8.1 Relatives Marktsegmentvolumen

Das relative Marktsegmentvolumen gibt die Anzahl der arbeitsplatzsuchenden Arbeitnehmer (Arbeitsnachfrage) im Verhältnis zur Anzahl aller angebotenen Arbeitsplätze (Arbeitsangebot) eines Marktsegments an. Dabei kann das quantitative Angebot an Arbeitsplätzen größer, kleiner oder gleich der entsprechenden Nachfrage sein. Wichtig ist in diesem Zusammenhang aber nicht die *statische* Sichtweise, sondern vielmehr die künftige *Entwicklung* des relativen Marktsegmentvolumens. Einflussfaktoren können das Wachstum der Branche, Rationalisierungsmöglichkeiten, Innovationen, demografische Veränderungen, Auswirkungen der Bildungspolitik und vieles andere mehr sein. Bringt man die statische und die dynamische Sichtweise zusammen, so sind drei unterscheidbare Szenarien denkbar (vgl. Ringlstetter und Kaiser 2008, S. 259):

© Springer Fachmedien Wiesbaden GmbH 2017

D. Lippold, *Aspekte und Dimensionen der Bewerbermarkt-Segmentierung*, essentials, DOI 10.1007/978-3-658-16474-4_8

- **Konvergenz:** Arbeitsangebot und -nachfrage konvergieren, d. h. eine vorher große Differenz zwischen beiden Größen wird abgebaut.
- **Kontinuität:** Die bestehende Relation zwischen beiden Größen bleibt unverändert.
- **Eskalation:** Die Diskrepanz zwischen Arbeitsangebot und -nachfrage wächst und eskaliert.

8.2　Qualifikationssituation

Das Niveau und die Verteilung der spezifischen Qualifikationen eines Marktsegments stellen ebenfalls besondere Anforderungen an personalsuchende Unternehmen. Zur Verdeutlichung soll hier das Marktsegment „Diplomkaufleute als Hochschulabsolventen" herangezogen werden. Grundsätzlich können dabei Überlegungen angestellt werden, ob es mehr oder weniger Diplom-Kaufleute als Arbeitsplätze gibt und ob das Niveau und sowie die Verteilung der Qualifikationen den nachgefragten Bedarf decken kann.

In Abb. 8.1 sind einige dieser Möglichkeiten grafisch dargestellt. Danach besteht einerseits die Gefahr, den Mengenbedarf nicht decken zu können (Fall A)

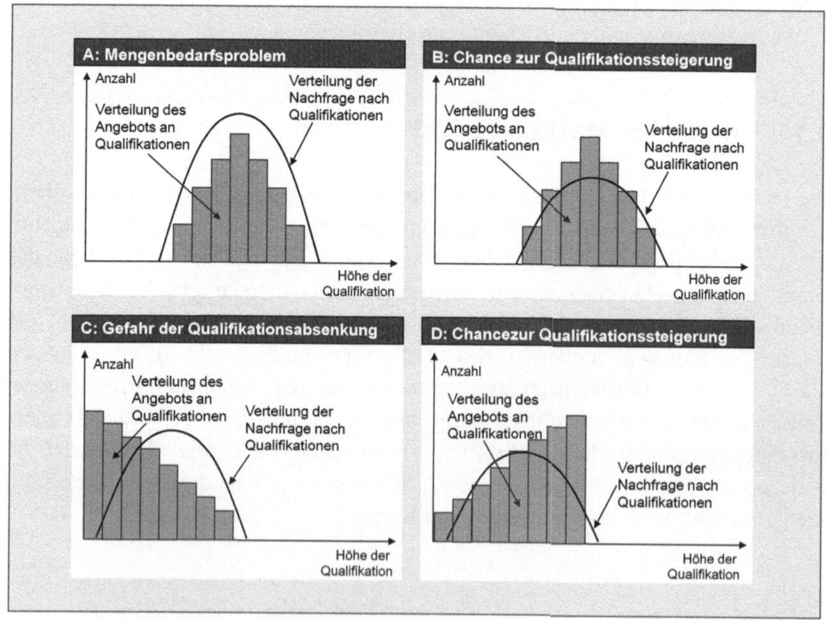

Abb. 8.1 Menge, Niveau und Verteilung von Qualifikationen. (Quelle: Ringlstetter und Kaiser 2008, S. 260)

und das unternehmerische Qualifikationsniveau zu senken (Fall C). Andererseits besteht aber auch die Chance, eine allgemeine Qualifikationssteigerung zu erreichen (Fall B und D).

8.3 Wettbewerbsintensität und Vergütungsniveau

Ein weiterer wichtiger Punkt der Segmentbewertung ist die Intensität des Wettbewerbs in einem Arbeitsmarktsegment. Kennzeichen einer besonderen Rivalität sind Positionskämpfe in Form der Zahlung von Spitzengehältern, Zusatzleistungen oder der Verbesserung von Weiterbildungsmaßnahmen oder Karrierechancen. In der Regel initiieren solche Maßnahmen entsprechende Gegenmaßnahmen bei den Wettbewerbern, sodass letztlich eine Veränderung der Rentabilität aller Wettbewerber die Folge ist (vgl. Ringlstetter und Kaiser 2008, S. 261).

In der Beratungsbranche hat diese besondere Rivalität dazu geführt, dass sich die Gehälter nahezu aller Karrierestufen in der Höhe zum Teil deutlich von den entsprechenden Gehältern anderer Branchen entfernt haben. Schließlich ist weiterhin zu berücksichtigen, dass insbesondere Führungs- und Führungsnachwuchskräfte nur dann zu einem Arbeitsplatzwechsel zu bewegen sind, wenn das neue Gehalt (und/oder Zusatzleistungen) deutlich über den bisherigen Konditionen liegt. Häufig gilt hierbei das ungeschriebene Gesetz, dass ein Wechsel aus einer gesicherten Position nur dann vorgenommen werden sollte, wenn das neue Gehalt mindestens 20 % über dem bisherigen liegt. Dies hängt nicht zuletzt auch mit der berechtigten Risikoaversion zusammen, da der wechselbereite Kandidat letztlich erst die Probezeit bei seinem neuen Arbeitgeber „überstehen" muss.

8.4 Übergang zur Positionierung im Bewerbermarkt

Jedes personalsuchendes Unternehmen tritt in ihren Segmenten in aller Regel gegen einen oder mehrere Wettbewerber an, da – wie bereits erwähnt – besonders qualifizierte Bewerber mit hohem Potenzial i. d. R. zwischen den Angeboten mehrerer potenzieller Arbeitgeber auswählen können. In einer solchen Situation kommt der Positionierung des Unternehmens als Arbeitgeber eine zentrale Rolle zu.

Die Positionierung verfolgt die Aufgabe, innerhalb der definierten Bewerbersegmente eine klare Differenzierung gegenüber dem Stellenangebot des Wettbewerbs vorzunehmen. Die Einbeziehung des Wettbewerbs mit seinen Stärken und Schwächen ist demnach ein ganz entscheidendes Merkmal der Positionierung.

In dieser (Wettbewerbs-)Situation reicht es für das Unternehmen nicht aus, *ausschließlich* nutzenorientiert zu argumentieren. Neben den reinen Bewerber*nutzen* muss vielmehr der Bewerber*vorteil* treten. Das ist der Vorteil, den der Bewerber bei der Annahme des Stellenangebots gegenüber dem (alternativen) Stellenangebot des Wettbewerbers hat.

Wer überlegenen Nutzen *(Bewerbervorteil)* bieten will, muss die Bedürfnisse, Probleme, Ziele und Nutzenvorstellungen des Bewerbers sowie die Vor- und Nachteile bzw. Stärken und Schwächen seines Angebotes gegenüber denen des Wettbewerbs kennen. Die wesentlichen Fragen in diesem Zusammenhang sind:

Wie differenziert sich das eigene Stellenangebot von dem des Wettbewerbs?

Welches sind die wichtigsten Alleinstellungsmerkmale (engl. *Unique Selling Proposition*) aus Bewerbersicht?

Bei der Beantwortung geht es allerdings nicht so sehr um die Herausarbeitung von Wettbewerbsvorteilen an sich. Entscheidend sind vielmehr jene Vorteile, die für den Bewerber interessant sind. Vorteile, die diesen Punkt nicht treffen, sind von untergeordneter Bedeutung. Unternehmen, die es verstehen, sich im Sinne der Bewerberanforderungen positiv vom Wettbewerb abzuheben, haben letztendlich die größeren Chancen bei der Rekrutierung von geeigneten Bewerbern (vgl. Lippold 2010, S. 10).

Die Positionierung schafft eine klare Differenzierung aus Sicht des Bewerbers. Inhaltlich hat die Positionierung die Aufgabe, die wichtigsten Ausprägungen des Bewerbervorteils herauszuarbeiten. Sehr wichtig ist es in diesem Zusammenhang, eine Stärken-Schwächen-Analyse sowie eine Imageanalyse durchzuführen. Die Kenntnis über das *Personal- oder Arbeitgeberimage*, das die Anziehungskraft eines Unternehmens auf potenzielle Mitarbeiter bestimmt, ist dabei von besonderer Bedeutung. Das Personal- oder Arbeitgeberimage ist ein Vorstellungsbild, das sich Menschen über Unternehmen als (möglichen) Arbeitgeber bilden. Es ist durch die *Interaktion mit dem Unternehmens- und Branchenimage* im höchsten Maße subjektiv und emotional fundiert und setzt sich aus mehreren Merkmalen zusammen (vgl. Ashforth und Mael 1989, S. 24; Trommsdorff 1987, S. 121).

Abb. 8.2 zeigt beispielhaft eine Reihe von Merkmalen, die für die Auswahlentscheidung von Hochschulabsolventen und damit für das Personalimage eines Unternehmens relevant sind. In dieser Untersuchung ist zusätzlich die Interaktion des Personalimages mit dem Branchen- und Unternehmensimage sowie dem Image der Arbeitsplatzgestaltung berücksichtigt.

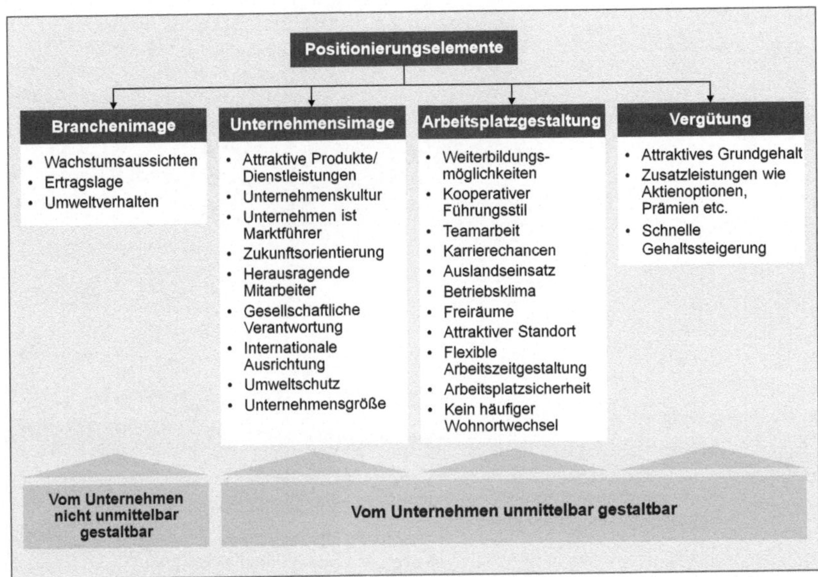

Abb. 8.2 Positionierungsmerkmale im Hochschulmarketing. (Quelle: Schamberger 2006, S. 66 ff.)

Zur Abrundung des Aktionsfeldes *Segmentierung des Arbeitsmarktes* sollen die wichtigsten Aktionsparameter, Prozesse, Werttreiber und Instrumente im Zusammenhang dargestellt werden.

9.1　Aktionsparameter

Im Wesentlichen sind es folgende Aktionsparameter, von denen die Optimierung des Bewerbernutzens abhängt:

- **Personalneubedarf,** der sich aus der Personalbedarfsplanung als Summe aus Zusatz- und Ersatzbedarf ergibt,
- **Anforderungsprofil,** das zusammen mit der Stellenbeschreibung konkrete Hinweise über das gesuchte Personal gibt,
- **Makrosegmentierung,** die der Auswahl und Ansteuerung der relevanten Segmentierungsdimensionen dient und
- **Mikrosegmentierung,** die alle relevanten Segmentierungskriterien festlegt.

Damit erweitert sich die Zielfunktion für die bewerberorientierte Segmentierung des Arbeitsmarktes, die die Optimierung des Bewerbernutzens anstrebt, folgendermaßen:

> *Bewerbernutzen = f (Segmentierung) = f (Personalbedarf, Anforderungsprofil, Makrosegmentierung, Mikrosegmentierung)* → *optimieren!*

© Springer Fachmedien Wiesbaden GmbH 2017　　　　　　　　39
D. Lippold, *Aspekte und Dimensionen der Bewerbermarkt-Segmentierung,* essentials, DOI 10.1007/978-3-658-16474-4_9

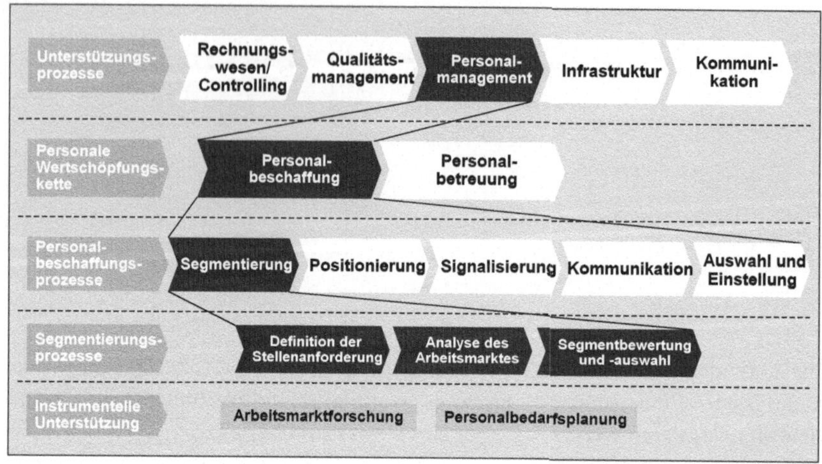

Abb. 9.1 Prozessmodell für das Aktionsfeld „Segmentierung des Arbeitsmarktes"

9.2   Prozesse und instrumentelle Unterstützung

In Abb. 9.1 ist beispielhaft ein Prozessmodell für das Aktionsfeld *Segmentierung* dargestellt. Die konkrete Ausgestaltung eines Prozessmodells ist von einer Vielzahl von Einflussfaktoren abhängig (Branche, Unternehmensgröße, Aktionsparameter, Art der Werttreiber etc.).

Ein ganz wesentlicher Prozessschritt ist die Segmentbewertung und -auswahl. Hier spielen das relative Segmentvolumen, die Qualifikationssituation sowie die Wettbewerbssituation und das Vergütungsniveau eine wichtige Rolle. Gleichzeitig ist die Identifizierung der relevanten Marktsegmente der Ausgangspunkt für die anschließende Positionierung im Bewerbermarkt.

Die wichtigsten Instrumente des Aktionsfeldes *Segmentierung* sind die Verfahren der Arbeitsmarktforschung und der Personalbedarfsplanung.

9.3   Werttreiber

Unter dem Gesichtspunkt der **Wertanalyse** lassen sich folgende *Werttreiber* im Zusammenhang mit der Personalbedarfsplanung, die die Voraussetzung für die Arbeitsmarktsegmentierung darstellt, identifizieren (vgl. DGFP 2004, S. 32):

- **Entwicklungsquote der Gesamtbelegschaft,** d. h. die Ist-Anzahl der Mitarbeiter im Verhältnis zum Soll-Wert. Mit diesem Werttreiber wird die Frage beantwortet, ob das Unternehmen genügend personalbezogene Handlungsoptionen besitzt, um eine Veränderung von Ist auf Soll vollziehen zu können.
- **Kompetenzstufen-Pyramide** (engl. *Skill-Level-Pyramid*), d. h. der Anteil der Mitarbeiter auf einer bestimmten Hierarchiestufe (engl. *Level* oder *Grade*) im Verhältnis zur Gesamtzahl der Mitarbeiter einer Organisationseinheit. Besonders dann, wenn die oberen Hierarchiestufen sehr stark ausgeprägt sind, so dass keine Pyramidenform mehr erkennbar ist, liegen Anzeichen für eine ungesunde Kompetenzstruktur vor. Die Analyse der Skill-Level-Pyramide ist somit gleichzeitig Grundlage für die Arbeitsmarktsegmentierung als erster Schritt der Personalbeschaffung.

9.4 Zusammenfassung

In Abb. 9.2 sind alle wesentlichen Aspekte dieses Aktionsfeldes (wie zugehöriger Aktionsbereich, Aktionsparameter, Instrumente der Segmentierung, Werttreiber sowie das Optimierungskriterium) zusammengefasst.

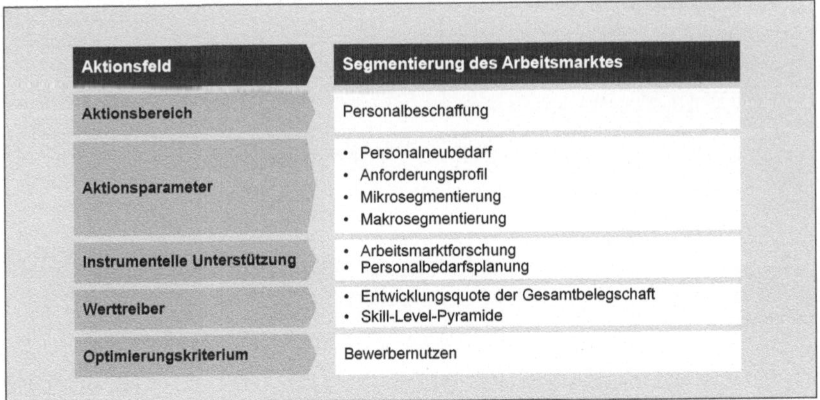

Abb. 9.2 Wesentliche Aspekte des Aktionsfeldes „Segmentierung des Arbeitsmarktes"

Literatur

Ashforth, B. E., & Mael, F. (1989). Social identity theory and the organization. *Academy of Management Review, 14,* 20–39.

Bartscher, T., Stöckl, J., & Träger, T. (2012). *Personalmanagement. Grundlagen, Handlungsfelder, Praxis.* München: Pearson.

DGFP e. V. (Hrsg.). (2006). *Erfolgsorientiertes Personalmarketing in der Praxis. Konzept – Instrumente – Praxisbeispiele.* Düsseldorf: Bertelsmann.

Freter, H. (1995). Marktsegmentierung. In B. Tietz, R. Köhler, & J. Zentes (Hrsg.), *Handwörterbuch des Marketing* (2. Aufl., S. 1802–1814). Stuttgart: Schäffer-Poeschel.

Himmelreich, F.-H. (1989). Arbeitsmarktanalyse. In H. Strutz (Hrsg.), *Handbuch Personalmarketing* (S. 25–37). Wiesbaden: Gabler.

Homburg, C., & Krohmer, H. (2006). *Marketing-Management* (2. Aufl.). Wiesbaden: Gabler.

Homburg, C., & Krohmer, H. (2009). *Marketingmanagement. Strategie – Umsetzung – Unternehmensführung* (3. Aufl.). Wiesbaden: Springer Gabler.

Jung, H. (2006). *Personalwirtschaft* (7. Aufl.). München: Oldenbourg.

Lippold, D. (2010). Die Personalmarketing-Gleichung für Unternehmensberatungen. In Niedereichholz et al. (Hrsg.), *Handbuch der Unternehmensberatung.* Berlin: ESV.

Lippold, D. (2014). *Die Personalmarketing-Gleichung. Einführung in das wert- und prozessorientierte Personalmanagement* (2. Aufl.). München: De Gruyter Oldenbourg.

Lippold, D. (2015). *Die Marketing-Gleichung. Einführung in das prozess- und wertorientierte Marketingmanagement* (2. Aufl.). Berlin: De Gruyter.

Lippold, D. (2016). *Die Unternehmensberatung. Von der strategischen Konzeption zur praktischen Umsetzung* (2. Aufl.). Wiesbaden: Springer Gabler.

Rationalisierungskuratorium der Deutschen Wirtschaft e. V. (1990). RKW-Handbuch Personalplanung (2. Aufl.). Neuwied: Rauser Towers Perrin.

Ringlstetter, M., & Kaiser, S. (2008). *Humanressourcen-Management.* München: Oldenbourg.

Schamberger, I. (2006). *Differenziertes Hochschulmarketing für High Potentials, Schriftenreihe des Instituts für Unternehmensplanung (IUP)* (Bd. 43). Norderstedt: Books on Demand.

© Springer Fachmedien Wiesbaden GmbH 2017
D. Lippold, *Aspekte und Dimensionen der Bewerbermarkt-Segmentierung,* essentials, DOI 10.1007/978-3-658-16474-4

Simon, H., Wiltinger, K., Sebastian, K.-H., & Tacke, G. (1995). *Effektives Personalmarketing. Strategien, Instrumente, Fallstudien.* Wiesbaden: Gabler.

Stock-Homburg, R. (2013). *Personalmanagement: Theorien – Konzepte – Instrumente* (3. Aufl.). Wiesbaden: Gabler.

Trommsdorff, V. (1987). Image als Einstellung zum Angebot. In Hoyos et al. (Hrsg.), *Wirtschaftspsychologie in Grundbegriffen* (2. Aufl., S. 117–128). München: Beltz.

Weuster, A. (2004). *Personalauswahl. Anforderungsprofil, Bewerbersuche, Vorauswahl und Vorstellungsgespräch.* Wiesbaden: Gabler.